THÈSE

POUR LA LICENCE

Focachon

FACULTÉ DE DROIT D'AIX

THÈSE

POUR LA LICENCE

PRÉSENTÉE PAR

PIERRE-JOSEPH FOCACHON

NÉ A BOUYON (Alpes-Maritimes)

CETTE THÈSE SERA SOUTENUE DANS LA GRANDE SALLE DES ACTES PUBLICS

le ˙Juillet 1868, à   heures du soir

« *Scire leges non est, verba earum tenere, sed vim ac potestatem.* -
CELSUS, lib. 26, *Digestorum.*

NICE

IMPRIMERIE DE V.-EUGÈNE GAUTHIER & COMPAGNIE

1868

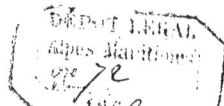

Nice. — Typ. V.-Eugène GAUTHIER et Cᵉ, descente de la Caserne.

A MON PÈRE, A MA MÈRE

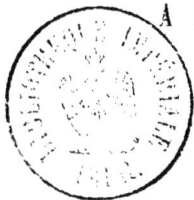

A LA MÉMOIRE DE MA SŒUR

JUS ROMANUM

DE ACQUIRENDA VEL AMITTENDA POSSESSIONE

(*Digest.*, lib. xli, t. II)

Inter auctores qui his de rebus disseruerunt, alii vocabulum *possessio* flexum dicunt de græco *pous*, alii derivatum a *positio;* Inclinatum alii a verbis : posse et ponere sive posse et sedere nos autem dicemus : *possidet qui ita in promptu rem quamdam habet us possit de illâ liberum arbitrium planè gerere.*

Cujus certe verbi (*possessio*) veram vim tantùm intuenti, necesse est evadat, ullam possessionem fieri posse, nisi earum quæ sunt sensiles : « Possideri possunt quæ sunt corporalia. » Attamen, ut interdum animo fingimus verum corpus subesse iis, quæ naturâ ab omni concretione materiæ sejuncta sunt, ita nobis vis acta in corpoream rem haberi potest exercitium juris cujuslibet, sive juris haustûs, sive transitûs, sive servitutum omnium, quæ verè propria bona sunt, quibus usu tantûm fruitur possessor, quæ scilicet vulgo in legibus dicuntur; *quasi possessio, quasi juris possessio.*

Multi jurisconsulti duo stabilierunt possessionum genera, quorum alterum possessionem naturalem, alterum civilem dixerunt.

Quam reverâ divisionem non accipiendam judicamus.

Itaque, rem considerantes ex his quæ possessionem legitimè consequuntur, asserimus illam posse tripartitò distribui.

1º Nuda detentio;

2º Possessio ad interdicta;

3º Possessio civilis ad usucapionem.

Qui possessiones tantum in duas classes distribuunt, nudam detentionem permixte conturbant cum illâ, quam vocamus possessionem ad interdicta, duasque res hâc unâ appellatione designant : *Naturalis possessio.*

Nuda detentio

Detentori nudo ne uno quidem firmo fundamento fas est stabilire quod affectat; nec illi datur, aut ullâ ratione legitimâ, aut juridicâ causâ possessionem cupitam fundare. Qui aliena detinet tantûm, nec non et -qui furatus est, uno stant præsidio facti materialis, quod minimè defendi potest : « *Possident quia possident* » hæc sola illis restat æqua ratio. Ex nudâ detentione conficitur, ut possit detentor vim vi repellere, nec illi, quoniam quasi reus habetur, probationem incumbat.

Possessio ad interdicta

Inter detentores sunt qui causam possidendi habent et jus, a prætoribus primùm, postea civili lege probatum; undè reverâ possessori non dominium, quod quidem ille minimè affectat, sed possessionem defendendi secura ratio exoritur : hæc est juridicum factum, quo innixus, aut servare possessionem, aut vindicare amissam libet. Utque ab interdictis auxilium petit, quo sua jura tutetur, possessor ad interdicta dicitur : qualis fructuarius et creditor ad pignus, qui simul et suum et domini jus proclamant. Quæ possessio, apud quosdam Romanorum jurisperitos, *naturalis* appellatur.

Possessio civilis ad usucapionem

Hujusce modi detentores non solum possidendi jus, sed etiam domini auctoritatem, aut saltem facultatem breviter capescendi proprietatem affectant. Inde possessio civilis, quæ a proprietate orta et lege civili constat, ita ut detentor, non jam nunc sed mox dominus, dicatur ad usucapionem possidere.

Quomodô fimus possessores

Acquirit possessionem, cui animus et voluntas possidendi et rei apprehensio.

Quum res, ab omni arbitrio domini vacua, primùm usurpatur, ex apprehensione simul et ex possidendi voluntate constat occupatio, in quâ vis omnis inest et possessionis et dominii.

Qui contra fit possessor modo derivato, scilicet rei jam possessæ et a domino ad alium transmittendæ, ut in venditione, illi ex ipso facto constat traditio, cui variæ species et in singulas consirandæ.

Possessio corporalis et vera

Corporalem veramque judicamus dari possessionem rei, quam a manu detinentis transmissam ipse suis accipit manibus, qui cupit illius fieri possessor. Perrarum tamen inventu genus illud traditionis. Quam ob causam huic nimis incommodæ traditioni accepimus assimulatum esse sœpius factum quo, quamvis non in manibus ipsis res tradatur, is tamen cui transmittenda est, in eo statu ponitur, in quo possit rem in promptu habere et illâ, ab arbitrio uti. Satis igitur videbitur venditorem horrei claves emptori tradidisse justà portam quam aperiunt, ut queat iste frumenti potens evadere.

Traditio longa manu

Quin imò Romanis oculi habebantur longa manus, quæ poterat, uno visûs amplexu rei, possessionem usurpare.

Quod si eâdem comparatione et nobis etiam uti libet, quid est cur non traditam ducamus rem, emptoris oculis subjetam ? Ita ut non necesse sit manu tenere singulos summæ pecuniæ nummos, ut summæ totius possessionem adipiscamur.

Traditio brevi mano

Est etiam ut non necesse sit rem subjicere occulis, nec tradere claves domûs in quâ includitur, nec præsertim in manibus illam deponere : aliquid scilicet cujus dominium habes, cuidam, ut hoc commodatus utatur, commisisti, posthâc si cupis eidem dominium transdere, non tibi resumendum illud ut rursus tradas. Nudâ voluntate tantum opus est, ut juridica causa detentionis mutetur et vir commodatarius, seu possessor ad pignus, seu dominus etiam, fiat : quod quidem, traditio brevi manu, dicebatur, quemad modum quæ oculis efficitur, traditio longa manu.

Nuda voluntas interdum pro facto ipso valet. Altera hæc est conditio possidendi ut, qui possessionem affectat, eam intelligenti et sana mente Consilioque rationatiter concluso prosequatur. Indè liquidum sane evadit, quoscumque natura intelligentiæ et rationis expertes ediderit, illos possessioni impares habendos esse. Ita mente captus homo detinet, sed non possidet. Item de pupillo infante, cui tamen id commodi concessum est ut, illius intelligentiæ principis a tutore adjuvante explicatis, possit ipse rei possessionem comparare.

Per quas personas acquirimus possessionem

In primis, nisi per se ipsum, nemini comparare possessionem licuit.

Postea per filium aut servum, cuilibet in illis arbitrium habenti acquirendi permissa est facultas, his tamen legibus :

Primâ, ut vel in filio, vel in servo inesset propria voluntas, id est mens facti planè conscia et possessionis obtinendæ animus; quâ quidem lege et insano, qui intellectum amiserat, et infanti, qui nondum attigerat, rem acquierendi in loco domini potestas erat adempta, quamquam etiam receptum fuit impuberem posse possessionem adquirere illi, a quo missus erat, cujusque intellectu infirmæ menti vires sufficiebantur.

Secundà, ut servo inesset et animus et consilium acquirendi domino, non alieno.

Tertiâ, ut qui tradebat in animum venisset rem transmittere domino ; Nam si Titii servo, qui Mucii creditur, res tradita est, illius rei non vere concessa est legitima possessio.

Quartâ, ut nosset dominus quid servus suus ageret; nisi tamen iste in possessionem venisset ex peculiari causâ, quia tunc dominus, vel ignorans, possidebat et intelligebatur confirmasse quæque, a suis in suum peculium, actum erat.

Constat nos posse possessionem acquirere per procuratorem et in hoc auctores omnes consentire, quod unanimi confirmant Labeo, Neratius et Paulus.....

Imò per servum fugitivum, hereditarium, alienum, et hominem liberum, quem bonâ fide possidemus, per communem servum, cujusve usumfructum habemus, possessio nobis acquiritur, quam quidem possumus retinere per quemlibet nostro nomine sit in possessione.

Quomodo possessio amittitur

Duo sunt conditiones ut possessio amittatur :

1º Rei corporalis reetictio ;

2º Voluntas rei relinquendæ... Inde dicere fas est, dominum insanentem non posse possessionem amittere, namque ut illi acquirendi, ità amittendi possessionem animus esse non potest.

Ad hoc dictitabant Romani possessione rei exutum, cui de illâ arbitrium gerendi facultas ablata erat, ut quis seu gemman, seu domesticum animal, seu pecus totum amiserat; possessorem etiam amittere rem furto subreptam, et domum quâ vi expulsus fuerat, comprobatum est.

Quomodo a nobis amittitur possessio

Res mobiles. — Quoad res mobiles, nostra desinit possessio, ubi rem detinere desinimus. Quapropter meritô quis potest dicere pisces, quos alit ac retinet in piscinis, et feras, in septis inclusas, aut apes et columbas, quæ tantum aliquantisper ex alveolario, seu columbario evolant, mox reduces, in sua possessione manere, quamvis migrare non cessent.

His sanè omnibus leniebatur legum severitas, quam quidem multo magis infirmatam videre licet in posteris ejusdem legis emendationibus.

Res immobiles. — Haud minori cum severitate de rebus immobilibus statutum erat, ita ut diceretur amisisse agri possessionem dominus, qui vi expulsus fuerat, nec non et domûs quâ, domino absente, potitus erat advena quam que reduci domino reddere abnuebat.

Attamen deinceps in leniùs inclinata lex est. Namque constabat possessionem animo solo posse conservari. Quin etiam posthac statutum est non posse ab alieno aliquis a legitima possessione destitui.

Multum refert scire quâ ratione animum factumque conjungi necesse esset, quandô possessio servaretur animo solo, quandoque non, eâ enim tantum lege usucapi aliquid constat, ut sine ullâ intermissione possideretur.

Ad hæc, quæ possessionem tuebantur super addita fuerant quædam præcepta, gravissima quidem. Ita incidebat ut dominus, vel ipse inscius, amitteret possessionem, quum forte rei detentionem crediderat cuidam, extrà jus suum viventi et animum habenti rem in suam convertendi. Hac tamen de re non una mens jurisperitis erat, qui, tantùm quo momento possessio cessaret, certabant.

Vulgo etiam constabat rei possessionem interrumpi, quæ emptori a colono aut a servo venderetur.

Dicitur et destituta possessio, quum res tota perit, aut illius adeo immutatur species, ut domino non pateat, quum speciem novam subiit, aut alicujus rei adjunctum est, aut sub alienum arbitrium cum detentore venit.

Ut res in merce versari cessarat, ut que inaccessa possessioni facta erat, jam non possidebatur.

Non licet, ut sentio, causam possessionis mutare. Etenim aut jure possidemus, aut possidendi jure caremus. Si jam possidemus, non licet iterum adipisci possessionem; sin autem possessores non sumus, fieri fas est; sed possessionem nudam, non jus novum, non aliam causam possidendi adipiscemur.

CODE NAPOLÉON

DES ENGAGEMENTS DES ASSOCIÉS ENTRE EUX

ET A L'ÉGARD DES TIERS

(Art. 1843-1864)

« La société est un contrat par lequel deux ou plusieurs personnes conviennent de mettre quelque chose en commun, dans la vue de partager le bénéfice qui pourrait en résulter. » (Art. 1832.)

Après avoir posé des principes généraux sur l'essence, la base et la preuve de ce contrat, qu'il suit dans ses subdivisions en société universelle et société particulière, le législateur s'occupe des effets que la société peut produire :

1º Par rapport aux associés;

2º Par rapport aux tiers.

Ce sont précisément ces effets que nous allons examiner, et nous traiterons des engagements des associés entre eux d'abord, ensuite des engagements des associés à l'égard des tiers.

2

Commencement et durée de la société

Pour que des engagements puissent exister entre certaines personnes, il faut un motif et une cause de leur existence. Cette cause en l'espèce, nous la trouvons dans le contrat de société : c'est donc avec lui que les engagements des associés prennent naissance et qu'ils cessent de lier les parties.

Or, la société est parfaite par le consentement, elle existe quand même les mises n'auraient pas encore été livrées, elle engage les parties dès l'accord de leur volonté. Les parties, sans doute, peuvent convenir que la société commencera à telle époque déterminée ou à la réalisation de tel événement incertain ; mais, à défaut de stipulation de ce genre, la société commence au moment même de la formation du contrat (1843).

Les mêmes conventions peuvent être faites sur la durée de la société, mais la loi présume, quand il n'y a pas de stipulation expresse ou tacite, que la société a été contractée pour durer jusqu'au décès de l'un des associés, ou si l'affaire est d'une durée limitée, pour le temps qu'exigera cette affaire (1844), sauf pour chaque associé la faculté de la faire cesser en notifiant aux autres sa renonciation. (Art. 1865-1869.)

Obligations des associés envers la société

Chaque associé est débiteur envers la société de tout ce qu'il a promis d'y apporter, et son engagement est, suivant le cas, une obligation de donner ou une obligation de faire ; une obligation de faire pour celui qui a promis son industrie ; une obligation de donner, quand on a promis de l'argent, des marchandises, des immeubles.

Apport consistant en un corps certain

Les obligations de l'associé débiteur peuvent varier suivant qu'il a promis la propriété ou seulement l'usufruit d'un corps certain ou bien qu'il s'est engagé à *faire jouir* la société de la chose promise. Dans le premier et dans le second cas, l'associé est tenu envers la société à peu près de la même manière que le vendeur envers l'acheteur.

Ainsi, la propriété de la chose promise est acquise à la société du jour du contrat et sans qu'il soit besoin de tradition; à partir de ce moment, les risques et périls sont à la charge de la société, et si la chose vient à périr, même avant la délivrance, c'est tant pis pour la société.

Cependant l'associé débiteur, comme le vendeur, est garant des vices cachés qui rendent la chose impropre à l'usage auquel on la destine, ainsi que de l'éviction dont la société pourrait être victime. Dans ce cas, les autres associés pourraient demander la résolution du contrat avec des dommages-intérêts, ou bien exiger une chose semblable et d'une valeur équivalente à celle dont la société a été évincée. (Art. 1845.)

Si l'associé débiteur avait promis l'usufruit d'un corps certain, il est évident que son obligation serait la même que dans le cas précédent, attendu que ce qu'on dit de la propriété peut s'appliquer à ses démembrements. Les risques et périls de la chose promise seraient à la charge de l'associé, en ce sens que, si la chose venait à périr, la nue-propriété serait perdue pour lui; mais la société n'en serait pas moins privée de la jouissance de son droit d'usufruit, sans que l'associé débiteur pût être exclu, pour cette raison, du partage des bénéfices, pourvu toutefois que la chose par lui livrée fût exempte de tous vices rédhibitoires (1851). Lorsqu'il s'agit de choses qui se consomment *primo usu*, ou qui se détériorent indépendamment de tout usage, la société en acquiert en même temps l'usufruit et la propriété; aussi les risques et périls sont à sa charge, et elle doit rendre à sa dissolution des choses semblables ou leur prix d'estimation (1451-2°).

L'associé a-t-il promis *de faire jouir* la société d'un corps cer- tain? Son rapport est successif et ne saurait être parfait que le jour de la dissolution de la société. La chose est donc à ses risques et périls; il est tenu de l'éviction et de tous les vices rédhibitoires, il doit faire les dépenses nécessaires à la conservation de la chose. Il en serait également tenu, s'il avait promis l'apport *d'une quantité*, et de plus il ne serait déchargé des risques et périls qu'autant que la tradition aurait eu lieu.

Apport consistant en une somme d'argent

L'associé débiteur d'une somme d'argent, sachant parfaitement bien que le but essentiel d'une société est de faire fructifier ses capitaux, et qu'en retenant les fonds promis, il porte préjudice à la société, la loi se montre plus rigoureuse envers lui qu'à l'égard des débiteurs ordinaires; aussi l'associé doit les intérêts des sommes par lui promises, même sans avoir été mis en demeure par une demande en justice, depuis le jour où ces sommes devaient être payées; de plus, il peut être condamné à des dommages-intérêts, car il peut, par sa négligence, avoir porté atteinte aux intérêts de la société, qui est, dit Troplong, un état incessant de fructification.

Les mêmes règles de sévérité sont applicables à l'associé qui prend des fonds dans la caisse sociale pour les faire servir à son propre avantage. (Art. 1846.)

Apport consistant en industrie

Lorsqu'un ou plusieurs des associés promettent un apport en industrie, apport successif et seulement complet le jour où la société est arrivée à son terme, l'associé doit compte de tous les gains qu'il a faits par l'espèce d'industrie qui est l'objet de la société, — mais de ceux-là seulement, — car si, par une industrie étrangère à celle qui fait l'objet de la société et sans négliger les affaires sociales, il peut se procurer des bénéfices, même considérables, ces bénéfices appartiennent à lui seul (1847).

L'article 1848 pose au principe cette maxime : « Que l'associé se doit à ses associés ; qu'il ne doit pas préférer ses propres intérêts et ses affaires particulières aux affaires communes et aux intérêts sociaux. » Malheureusement il n'en exprime qu'un corollaire et ne vise qu'une espèce particulière.

Ainsi on suppose que l'associé a pour débiteur un débiteur de la société, et l'on veut qu'il répartisse proportionnellement entre sa créance et celle de la société, si elles sont également exigibles, la somme qu'il a reçue de ce débiteur, encore qu'il en ait dirigé l'imputation intégrale sur sa créance particulière ; mais sa volonté serait respectée, s'il avait fait imputation entière sur la créance de la société.

En interprétant rigoureusement cet article, nous arrivons à des conséquences inadmissibles. Faudra-t-il, en effet, dans la société en commandite, que le commanditaire, ayant pour débiteur un débiteur de la société, fasse imputation proportionnelle aux deux créances des sommes par lui reçues, et que, par cette immixtion, il encoure une peine grave ? Et s'il s'agit d'une société civile ayant un administrateur, seul gérant des intérêts sociaux, l'associé, qui reçoit une somme d'un débiteur commun, a-t-il le devoir de faire imputation ? Sa bonne foi n'est-elle pas irréprochable ? En supposant même une société avec l'action simultanée des associés, l'article 1848 raisonne comme si le créancier pouvait toujours faire imputation à son gré et imposer sa volonté au débiteur. Mais n'est-ce pas la volonté formelle et légitime du débiteur qui détermine l'imputation à faire, et alors forcera-t-on le créancier à céder à la société une partie de ce qu'il a reçu ? Et dans ce cas, lui rendra-t-on en échange une créance protégée par l'hypothèque, le cautionnement, etc., comme l'était peut-être la sienne ? Nous pensons donc que l'imputation faite dans l'intérêt exclusif de l'associé

subsiste telle qu'elle a été faite, dans les rapports du débiteur avec l'associé ; qu'elle ne peut être réformée que dans l'intérêt de la société ; qu'elle est maintenue à l'égard de tous, si elle est faite par le débiteur en vertu de son droit ; qu'à défaut de toute indication, elle est faite sur la dette la plus onéreuse. (Art. 1848.)

Si un associé reçoit d'un débiteur, commun à la société et à lui, sa part entière de la créance, et que plus tard le débiteur devienne insolvable, il devra rapporter à la masse de la société la somme par lui reçue, encore qu'il eût fait imputation expresse sur sa part, à moins qu'il n'eût été forcé par le débiteur à recevoir sa part de la créance ou que ce dernier eût été libéré envers lui par compensation. (Art. 1849.)

Tout associé est tenu envers la société des dommages qu'il a pu lui causer par sa faute, même légère (Troplong, p. 45 à 54, *Société civ. et com.*), sans qu'il puisse les compenser avec les avantages qu'il a pu procurer à la société par son industrie dans d'autres affaires, car il est évident qu'il ne saurait y avoir compensation qu'entre des dettes bien établies et également liquides, tandis que, dans le cas présent, il n'y a qu'un seul débiteur, l'associé. (Art. 1850.)

Obligations de la société envers chaque associé

L'article 1852, poursuivant l'ordre d'idées ouvert par l'article 1851, énumère les obligations de la société envers les associés.

1o La société est tenue envers chaque associé de l'apport dont elle n'avait que la jouissance. (Art. 1861.)

2o Elle lui doit toutes les sommes qu'il a déboursées pour elle, avec les intérêts du jour où les dépenses ont eu lieu, pourvu que ces dépenses aient été faites de bonne foi, car l'associé peut toujours être considéré comme mandataire de la société (1859-1°) et les intérêts sont dus de plein droit au mandataire (2001).

3o Elle doit indemniser chaque associé des obligations qu'il a contractées dans l'intérêt commun et des pertes qu'il a éprouvées par suite des risques de sa gestion, s'il n'a aucune faute à se reprocher.

Les obligations de la société envers l'un des associés se divisent entre tous les autres, et en cas d'insolvabilité de l'un d'eux sa part est supportée par les associés solvables et celui qui poursuit le recouvrement des avances qu'il a faites. (Art. 1852.)

Des parts de chaque associé dans les gains et les pertes

Le règlement des parts peut être fait :

1° Par la convention des parties ;
2° par un arbitre choisi, à cet effet, par les parties ;
3° Enfin par la loi.

Les parties peuvent régler elles-mêmes d'avance quelle sera la part de chaque associé dans les bénéfices et les pertes. Les conventions font la loi des parties. Mais, dans la prévoyance des abus qui pourraient se produire, le législateur a apporté quelques restrictions à la liberté laissée aux parties de faire elles-mêmes le règlement des parts. Elles ne peuvent convenir, sous peine de nullité de la convention :

1° Que la totalité des bénéfices appartiendra à un seul ou à quelques-uns des associés ;

2° Que les sommes ou effets mis dans le fonds social par un ou plusieurs associés seront affranchis de toutes contributions aux pertes (art. 1855). La première de ces clauses étant destructive de l'essence de la société et la seconde pouvant favoriser l'usure.

Si la convention des parties réglait la part de chaque associé dans les bénéfices sans parler des pertes, on suppléerait à ce silence en déterminant la portion de la perte qui incombe à chacun proportionnellement à la part qu'il aurait eue dans les bénéfices.

Lorsque les parties nomment un arbitre pour faire le règlement, chaque associé est obligé de se soumettre à la décision de l'arbitre, à moins que le règlement soit contraire à l'équité. Et encore l'article 1854 élève deux fins de non-recevoir contre la réclamation des associés. La première est une prescription abrégée ; la deuxième est tirée de l'acquiescement tacite. L'associé n'a que trois mois pour réclamer, à partir du jour où il a eu connaissance du règlement, et il n'a même plus le droit de le faire avant l'expiration de ce délai, s'il a acquiescé par un commencement d'exécution. (Art. 1853-2o.)

Dans le silence des parties, la loi décide que si les mises sont égales, les parts le seront aussi; mais si les apports sont inégaux, les parts devront être proportionnelles aux mises de chacun. A l'égard de celui qui n'apporte que son industrie, le législateur a voulu que sa part soit réglée comme celle de l'associé le moins apportant. (Art. 1553-2o.) Par conséquent, si la société est dissoute avant le terme fixé, son apport n'étant pas complet, l'associé industriel devra subir, sur la part qu'il aurait eue pour une mise complète, une réduction proportionnelle au temps qui reste encore à courir. Quant aux pertes, la règle est la même. (Verrière, p. 54.)

Administration de la Société

Comme toute administration exige de l'unité et de l'ensemble, il est rare que lorsqu'une société se forme, on ne centralise pas l'administration dans les mains de quelques-uns des associés, ou même d'un seul, chargé de la gestion des affaires communes.

Si l'administrateur a été nommé par une clause du contrat, son mandat est irrévocable comme le contrat lui-même. Il a le droit d'administrer et de faire tous les actes dépendant de son administration, avec ou sans approbation de ses associés et même malgré leur opposition, pourvu qu'il n'y ait point de fraude de sa part, car la fraude serait une cause de révocation ou de destitution et, par le fait, une cause d'opposition de la part des co-associés. L'administrateur lui-même ne saurait renoncer à son mandat que pour une cause légitime.

Si, au contraire, le mandataire avait été nommé par un acte postérieur au contrat, son mandat serait révocable, même sans fraude, au gré de la majorité des associés. (Art. 1856.)

Lorsque plusieurs administrateurs ont été nommés, si leurs fonctions n'ont pas été déterminées et divisées par l'acte de nomination, chacun d'eux peut agir séparément et faire, sans le concours des autres, tous les actes nécessaires d'administration ; si, au contraire, des attributions particulières leur étaient assignées, ils ne seraient compétents que pour ces actes, mais ils seraient seuls compétents (1857).

S'il était stipulé qu'aucun d'eux ne pourra agir sans le concours des autres, aucune limitation de pouvoir n'existant du reste, ce concours serait indispensable, à moins d'une nouvelle convention, alors même que l'un d'eux se trouverait dans l'impossibilité de concourir actuellement aux actes d'administration. (Art. 1858.) De sorte que le refus d'un seul pourrait empêcher tous les autres d'agir, si ce n'est en qualité de *negotiorum gestores*.

Tous les associés, à défaut de stipulations spéciales sur le mode d'administration, peuvent, en vertu du mandat que chaque associé est censé avoir reçu des autres, administrer les biens de la société, et ce que chacun d'eux a fait est valable, même pour la part de ses co-associés qui n'ont pas concouru à l'acte. Toutefois, chaque associé, administrateur ou non, a la faculté d'empêcher par son véto l'opération projetée par un associé, mais non encore accomplie. Dès lors, c'est à la majorité à prononcer. Chaque associé a la faculté de se servir des choses appartenant à la société, pourvu qu'il les emploie à la destination fixée par l'usage, et qu'il ne s'en serve pas contre les intérêts de la société ou de manière à empêcher ses associés d'en jouir selon leur droit. Il peut obliger ses co-associés à faire les dépenses nécessaires pour la conservation des biens de la société ; mais comme il s'agit d'une obligation commune à tous, celui qui veut contraindre les autres doit commencer par contribuer le premier pour ce qui le concerne.

A côté de ces larges pouvoirs accordés aux associés, la loi apporte une restriction, en leur défendant de faire aucun changement, aucune innovation aux biens communs, sans le consentement des autres, lors même que ces changements seraient avantageux à la société. (Art. 1859-1°-2°-3°-4°.)

S'il est défendu aux associés de faire des innovations au fonds social, à *fortiori* il doit leur être interdit d'aliéner le patrimoine de la société. Aussi, le Code, contrairement à l'ancien droit et à l'opinion de Pothier, déclare qu'un associé ne peut aliéner ni engager les biens qui dépendent de la société.

Comme le lien de toute société est la confiance réciproque des parties, un associé est bien autorisé à se donner à lui-même pour sa part un associé, qu'on appelle croupier, mais il ne peut associer un tiers à la société sans le consentement de ses associés. Le croupier est donc étranger à la société, qui est censée ne pas le connaître. Aussi, ne doit-il compte de ses bénéfices qu'à l'associé auquel il s'est adjoint. S'il cause quelque dommage à la société, celle-ci n'a pas d'action directe contre lui ; elle peut tout au plus le poursuivre en dommages-intérêts, concurremment avec l'associé qui l'a commis dans les affaires communes, car l'associé qui se donne un croupier est responsable de ses actions vis-à-vis de la société, comme il est garant vis-à-vis du croupier des gains et pertes résultant du fait de ses co-associés. (Art. 1861.)

Des engagements des associés envers les tiers

Il peut se présenter trois cas :

1° *L'obligation a été contractée par un associé, en son propre et privé nom.*

Si l'associé est mandataire de la société et que l'obligation contractée ne dépasse pas la limite de ses pouvoirs, le créancier n'aura aucune action contre le mandant, qui est la société. Le mandataire seul pourra donc être poursuivi, sauf son recours contre chacun des co-associés, pour une part proportionnelle à l'intérêt qu'il a dans la société, car les co-associés ne sont point solidaires. (Art. 1862.)

Si l'associé n'est pas mandataire, il n'aura que l'action de *in rem verso* dans le cas où l'obligation par lui contractée ait été utile à la société ; ce recours ne sera non plus que pour une part proportionnelle à l'intérêt que chacun des associés a dans les affaires sociales. (1862.)

2º *L'obligation a été contractée par un associé sous le nom commun.*

Si l'associé n'est pas mandataire, c'est le cas de la gestion d'affaires, et les co-associés ne sont obligés que dans la mesure de l'utilité qu'a pu en retirer la société, et proportionnellement à leur intérêt social. Mais si l'associé est mandataire, tous les associés sont censés avoir contracté par son intermédiaire et tous sont tenus comme lui, pour une part virile, à moins de stipulation contraire. Le mandataire même, s'il n'était associé, ne serait nullement obligé envers le créancier, qui n'aurait pas d'action contre lui. (Art. 1864.)

3º *Enfin, l'obligation peut avoir été contractée conjointement par tous les associés.*

Dans ce cas, ils sont tenus chacun pour une part virile, à moins qu'ils n'aient expressément limité la mesure de leur obligation en contractant. (1863.)

Dans tous les cas, lorsqu'il s'agit d'une société commerciale, les créanciers personnels des associés ne sauraient concourir sur le fonds social avec les créanciers personnels de la société, car la société commerciale est considérée comme une personne morale, dont les biens sont le gage de ses créanciers ; quant à la société civile, le concours a lieu pour ceux qui ne la considèrent point comme une personne distincte de celle des associés ; mais ceux qui la regardent comme une personne morale repoussent énergiquement l'idée de ce concours.

PROCÉDURE CIVILE

DE LA DISTRIBUTION PAR CONTRIBUTION

(Code de procéd., liv. v, t. XI, art. 656 à 672)

Les créanciers ne font saisir et vendre les biens de leur débiteur que pour se faire payer avec les deniers en provenant. Dès lors, si le produit des saisies, ou les prix des ventes suffisent pour les désintéresser tous, chacun d'eux recevra le payement intégral de sa créance. Mais si le montant des créances dépasse le chiffre des sommes provenant des saisies ou de la vente, on procède à une répartition entre tous les créanciers, au prorata de leurs créances respectives. C'est ce partage proportionnel que le Code appelle distribution par contribution.

La contribution est donc en général la distribution proportionnelle des deniers provenant de la vente des meubles du saisi entre créanciers chirographaires. A la différence de la distribution par voie d'ordre dans la saisie immobilière, où le créancier hypothécaire le premier inscrit exclut tous les autres jusqu'à son entier payement, la répartition dans la distribution par contribution se fait au marc le franc entre tous les créanciers, sauf une importante exception pour les créanciers privilégiés sur les meubles.

Quoique la contribution ait principalement pour but de distribuer le prix d'objets mobiliers ou de deniers saisis-arrêtés, cette procédure peut être néanmoins employée pour la distribution du prix d'un immeuble, lorsqu'il n'y a que des créanciers chirographaires, ou qu'il reste un reliquat du prix de l'immeuble après le payement intégral des créanciers hypothécaires, ou, enfin, pour le montant d'une collocation dans un ordre entre les créanciers chirographaires du créancier colloqué.

La distribution par contribution est amiable ou judiciaire.

Contribution amiable

La contribution amiable est celle que la loi conseille aux créanciers et qu'elle semble même vouloir leur imposer, tant ses exhortations sont impératives. Le législateur a voulu que les parties fissent des tentatives d'arrangement, afin d'éviter les frais et les longueurs inséparables d'une poursuite judiciaire. Du reste, cet arrangement amiable est facultatif aux parties, qui sont libres de procéder à la contribution comme il leur plaira et sans qu'aucune forme particulière leur soit prescrite.

Les parties auront un mois pour s'entendre et faire la distribution ; faute par elles de se mettre d'accord pendant ce délai, la contribution se fait alors judiciairement et dans les formes déterminées par la loi.

Contribution judiciaire. — Les formes

Dans la huitaine qui suit le délai d'un mois, dont nous venons de parler, l'officier public qui a procédé à la vente, ou tout autre détenteur des sommes à distribuer par contribution, devra déposer à la Caisse des Dépôts et Consignations les sommes provenant de la vente ou des saisies-arrêts, déduction faite des frais et à la charge de toutes les oppositions de la part des créanciers du saisi.

C'est ici que commence véritablement la procédure de la distribution par contribution.

Sur la réquisition du saisissant, ou, à son défaut, de la partie la plus diligente, un juge-commissaire est nommé par le président du tribunal. La réquisition se fait par simple note sur le registre des contributions tenu au greffe.

Sur requête de l'avoué poursuivant, le juge commis rend une ordonnance qui autorise le poursuivant à sommer, d'une part, les créanciers opposants, de former leurs demandes en collocation et de produire en même temps les titres à l'appui de leurs créances, et, d'autre part, le saisi, d'examiner les demandes et les pièces produites et d'y contredire s'il le juge nécessaire.

La sommation de produire est régulièrement faite au domicile élu par le créancier, dans l'exploit de saisie-arrêt de la somme à distribuer, et, si le créancier opposant n'a point fait élection de domicile (art. 609), on pourra se dispenser de le sommer, à moins qu'il ne soit domicilié dans le lieu même.

La partie saisie doit être citée à personne ou à domicile.

Quant aux créanciers non opposants, le poursuivant n'est pas tenu de leur faire sommation de produire leurs titres et de faire leur demande en collocation, car il peut se faire qu'il ne connaisse pas leurs créances, et, par conséquent, on ne saurait le blâmer de ne pas avoir sommé des créanciers dont il ignore même l'existence. C'est donc au créancier à former opposition, s'il veut être sommé en temps et ne pas courir le risque d'ignorer l'existence de la contribution, et de ne recevoir aucune part du prix des meubles de son débiteur. Il peut, du reste, se présenter spontanément, se faire colloquer et faire valoir les privilèges qu'il peut avoir, tant que le règlement provisoire n'est pas achevé.

Le créancier sommé de demander sa collocation et de produire les titres justificatifs de sa créance sera forclos, s'il ne se présente pas dans le mois qui suit la sommation. Le même acte devra contenir la demande en collocation ou à fin de privilége et la constitution d'avoué. Faute d'obéir, le créancier peut être déclaré forclos par le juge, même d'office, car aucune déchéance n'est comminatoire, d'après l'article 1029.

Les demandes à fin de privilége, avons-nous dit, doivent être produites en même temps que la demande en collocation, et les pièces à l'appui des prétentions du créancier, dans le mois de la sommation; mais, par une faveur toute spéciale, la loi permet au propriétaire locateur d'appeler, avant la distribution, la partie saisie et l'avoué plus ancien en référé devant le juge-commissaire, pour faire statuer préliminairement sur son privilége, à raison des loyers qui lui sont dus.

Ainsi le propriétaire est colloqué le premier sur le prix des meubles et objets garnissant la maison louée, et sa créance prime toutes les autres, même celles pour frais de poursuite; mais elle est primée, à son tour, par les frais de justice, qui sont faits dans l'intérêt commun de la masse, tels que frais de saisie et de vente, sans lesquels il ne saurait y avoir de payement possible.

Dès que les créanciers ont fait leur demande en collocation et déposé leurs titres à l'appui, ou après l'expiration du délai d'un mois qui leur est accordé, le juge-commissaire peut procéder au règlement provisoire de la contribution, et colloquer chaque créancier pour le montant de sa créance. Ce règlement terminé, le poursuivant fait sommation, par acte d'avoué, aux créanciers produisant et à la partie saisie d'en prendre communication immédiate, et de former leurs réclamations, pour être insérées à la suite du procès-verbal de règlement, dans la quinzaine qui suit la sommation.

Après l'expiration de ce délai, s'il n'y a pas de contredits, le règlement provisoire devient définitif, même pour la partie saisie, à moins qu'elle n'eût point d'avoué constitué; car, dans ce cas, le règlement provisoire doit lui être signifié à domicile, par voie d'huissier, et le délai est susceptible d'augmentation, à raison des distances. (Paris, 1er décembre 1836.)

Ces formalités une ·fois remplies, le juge clôt son procès-verbal, arrête la distribution des derniers, et charge le greffier de remettre à chaque créancier un extrait du procès-verbal, revêtu de la forme exécutoire, pour en toucher le montant à la Caisse des Dépôts et Consignations. Ce mandement ou borderau de collocation est remis au créancier, à la charge par lui d'affirmer à nouveau la sincérité de sa créance.

Procédure des contestations élevées contre le règlement provisoire

S'il s'élève des contestations, soit de la part des créanciers chirographaires, contre les priviléges accordés ou d'autres créances admises, soit de la part d'un créancier individuel, pour réclamer l'admission d'une créance ou d'un privilége, des dires rédigés par les avoués des contestants sur le procès-verbal, dans le délai de quinze jours, établissent ces contestations, et le juge renvoie devant le tribunal, où l'on se présente, sur simple sommation d'avoué à avoué, pour entendre juger l'affaire.

La loi énumère les parties qui doivent intervenir dans le débat afin d'éviter des frais inutiles. Ces parties sont : le contestant, pour soutenir ses prétentions; le contesté, pour défendre ses droits; le saisi, dont les deniers sont distribués; enfin, la masse représentée par l'avoué plus ancien des colloqués. Si, toutefois, celui des opposants qui a pour avoué le plus ancien n'a aucun intérêt à la contestation, on prend le second plus ancien. Le poursuivant ne peut être appelé en cette qualité.

Le même jugement devra résoudre toutes les difficultés. Il sera prononcé sur un rapport du juge-commissaire et les plaidoiries des avocats, après avoir entendu le ministère public en ses conclusions. Ce jugement est susceptible d'être attaqué par la voie de l'appel, quand il porte sur des contestations d'une valeur supérieure à 1,500 francs, en prenant pour base, non la valeur de la créance admise ou rejetée, mais le montant total de la créance à distribuer.

Pour la simplicité des formes et l'économie de temps et de frais, la loi veut que l'appel soit interjeté dans les dix jours de la signification à avoué, ou à domicile, s'il n'y a pas d'avoué, et que le tribunal statue comme en matière sommaire. Les personnes qui auront contredit au jugement, et qui sont énumérées limitativement à l'art. 667, seront seules intimées sur l'appel.

Lorsque le délai fixé pour l'appel est expiré, ou que, en cas d'appel, signification de l'arrêt au domicile de l'avoué a été faite, le juge-commissaire clôt définitivement son procès-verbal et le greffier délivre les borderaux ou mandements dans le délai et les formes que nous avons fait connaître.

Désireuse d'éviter aux créanciers les contestations qui pourraient s'élever entre eux au sujet des intérêts, la loi a réglé elle-même que les intérêts d'une créance cessent, à l'égard des co-créanciers, à dater du jour où la somme que chacun doit recevoir se trouve définitivement déterminée, mais qu'ils courront, à l'égard du débiteur, jusqu'au parfait payement.

DROIT COMMERCIAL

DES COOBLIGÉS ET CAUTIONS EN MATIÈRE DE FAILLITE

(*C. Com.*, liv. III, t. I, chap. VII, sect. 1er, art. 542-545).

Nous sommes dans l'hypothèse d'un créancier ayant plusieurs débiteurs solidaires et tous en faillite, et nous nous demandons de quelle manière devra se comporter le créancier à l'égard de la masse de chacun des débiteurs faillis.

Avant la loi du 28 mai 1838, différents systèmes avaient été soutenus par les auteurs qui ont écrit sur la matière. Les uns enseignaient que le créancier a le droit de choisir celle des masses qui lui paraît la plus avantageuse, mais à la condition de ne pouvoir revenir sur son choix ni se présenter à une autre masse. D'autres voulaient que le créancier eût la faculté de se présenter successivement à toutes les masses sous déduction des dividendes reçus dans les masses auxquelles il s'est présenté. Mais la jurisprudence et l'article 542 ont repoussé également ces deux opinions, et ont décidé que le créancier, porteur d'engagements souscrits, endossés ou garantis solidairement par le failli et d'autres coobligés, aussi en faillite, pourra participer à toutes les masses, et, dans chacune, réclamer un dividende calculé sur la valeur totale de sa créance jusqu'au parfait payement.

On prend pour chiffre de la créance la valeur nominale énoncée dans le titre, augmentée des frais de justice, des intérêts échus au moment du jugement déclaratif de faillite.

Je suppose une créance de 6,000 francs sur trois débiteurs solidaires et faillis, dont les masses donnent respectivement 50 pour cent, 25 pour cent et 10 pour cent. Le créancier se fera colloquer dans la première pour 6,000 et recevra un dividende de 3,000; dans la deuxième et la troisième masse, il recevra le 25 pour cent et le 10 pour cent de sa créance entière, c'est-à-dire 1,500 francs dans l'une et 600 francs dans l'autre; en tout, 5,100 francs, au lieu de 6,000 qui lui étaient dus. Si la somme totale des dividendes s'élevait à un chiffre supérieur à celui de la créance, l'excédant se répartirait entre les masses, proportionnellement à leurs dividendes respectifs.

Le principe de la solidarité, qui exige que les coobligés payent les uns pour les autres, sauf le recours à exercer entre eux, reçoit une exception lorsque les coobligés sont en faillite. Ils n'ont aucun recours à exercer de faillite à faillite, car si pour la dette il y a solidarité, il ne peut, au contraire, y avoir de solidarité quant aux dividendes, qui sont multiples et aussi divers que les masses elles-mêmes, tandis que la dette solidaire est essentiellement une.

La jurisprudence, d'ailleurs, avait consacré ces principes par différents arrêts, que la loi de 1838 est venue corroborer de toute sa force, par la raison que, dans une faillite, le dividende payé représente la totalité de la créance et que l'acceptation de ce dividende équivaut à un solde entier et définitif.

Nous avons dit que, lorsque la somme des dividendes dépasse

le chiffre de la créance, augmentée de tous ses accessoires, l'excédant est réparti entre toutes les masses proportionnellement à la
part que chacune d'elles a prise à désintéresser le créancier, et à
rendre un dividende, ou une portion de dividende, disponible;
mais la répartition de cet excédant ne se ferait plus de la même
manière si un ou plusieurs des obligés avaient les autres pour
garants. Dans ce cas, les créanciers, ayant les autres pour garants,
reçoivent seuls l'excédant fourni par la somme totale des dividendes, jusqu'à leur entier payement, car le garant, devant rem-
bourser au garanti toutes les sommes que celui-ci a payées, se
trouve ainsi libéré pour une somme égale· à cet excédant, envers
les coobligés dont il est la caution.

Lorsqu'un créancier a un débiteur principal et une caution,
et que le débiteur fait faillite, si avant que la faillite soit déclarée
il reçoit un payement partiel de la caution, le créancier et la
caution pourront concourir en même temps; le premier, pour par-
venir au payement intégral de sa créance; le second, pour obtenir
le remboursement des sommes qu'il a payées pour le débiteur.

Mais si la caution avait payé cet à-compte non avant, mais après
la déclaration de faillite, il résulte par *a contrario* de l'art. 544,
et même des règles du droit commun, que le créancier aurait le
droit de réclamer un dividende proportionnel à sa créance totale,
sans déduction de l'à-compte reçu et à l'exclusion de la caution.

Si ce payement partiel avait été fait par un tiers, non garant,
ou par une caution qui n'aurait garanti qu'une portion de la dette
et l'aurait intégralement payée, on ne pourrait pas les exclure de
leur concours dans la masse, sous prétexte qu'ils portent préjudice
au créancier, attendu qu'ils ont payé, non pas ce qu'ils devaient
personnellement, mais ce que devait le failli, et que ni l'un ni
l'autre n'a garanti le payement de ce qui reste dû au créancier.

Lorsqu'un créancier demande une caution à son débiteur, il
n'exige cette garantie que pour sauvegarder ses intérêts et se pré-
server d'une perte plus ou moins grande, au cas où le débiteur
viendrait à faire faillite. La caution n'est donc pas seulement

obligée pour une partie de la dette, mais elle garantit la totalité de la créance; il est juste, dès lors, que les coobligés gardent les engagements, par eux contractés, vis-à-vis du créancier.

L'ancienne loi ne renfermait pas ce principe, mais on le suivait dans la pratique. Il faut entendre l'article 545, où il est formulé, en ce sens que, lors même que les créanciers auraient accordé à leur débiteur failli un concordat, tendant à reculer l'échéance des payements, à suspendre les poursuites, la caution n'en reste pas moins leur obligée, pour la totalité de la créance qu'elle a garantie.

Cependant, il ne faudrait pas attacher à cet article plus de rigueur qu'il n'en comporte, et, pour entrer dans l'esprit de la loi, outrepasser la volonté du législateur. La Cour suprême, dans son arrêt du 5 décembre 1864, a jugé que, tout en gardant leur action, nonobstant le concordat contre les coobligés du failli, les créanciers d'une société ne peuvent plus invoquer l'art. 545, lorsqu'ils ont purement et simplement consenti, sans réserve contre les coobligés, un concordat libératoire, moyennant l'actif social.

Mais si les coobligés, qui, malgré le concordat, restent soumis à l'action du créancier contre le débiteur failli, sont tenus d'une dette résultant d'un effet de commerce, ils peuvent toujours opposer au créancier la prescription quinquennale, après comme avant le concordat, car ce concordat pour eux n'opère pas novation de la dette. (Cass., arrêt du 7 mars 1866.)

DROIT ADMINISTRATIF

DE LA COMPÉTENCE DES CONSEILS DE PRÉFECTURE

EN MATIÈRE DE TRAVAUX PUBLICS

Les conseils de préfecture, créés et organisés par la loi du 28 pluviôse an VIII et la loi du 25 juin 1865, sont principalement compétents :

1° En matière de contributions directes, pour les demandes des particuliers tendant à obtenir décharge ou réduction;

2° En matière de grande voirie et de police de roulage;

3° En matière domaniale;

4° En matière de travaux publics, pour les difficultés qui pourraient s'élever, soit entre l'entrepreneur et l'administration, soit entre les entrepreneurs et les tiers, soit enfin entre l'État et les particuliers.

Nous allons nous occuper de la compétence relative à ce dernier cas.

Compétence en matière de travaux publics

On entend par travaux publics tous ceux qui sont empreints d'un caractère d'utilité publique. tels que :

1° Les travaux de l'État;
2° Ceux des départements et des établissements départementaux;
3° Les travaux communaux;
4° Ceux des établissements publics;
5° Ceux des associations syndicales autorisées;
6° Ceux des consistoires;
7° Les travaux exécutés par les fabriques d'Églises.

On en excepte les travaux qui ne concernent que l'intérêt patrimonial de ces personnes civiles, ceux qui se rattachent seulement à leur qualité de propriétaire. Et cependant, s'il était possible de déclarer d'utilité publique les travaux exécutés sur les établissements possédés à titre privé, on pourrait dire que ce sont des travaux publics et de la compétence des conseils de préfecture. (C. d'Etat, arrêt du 22 février 1866.)

Contentieux des travaux publics

Quand il n'y a pas expropriation, le contentieux comprend :

1° Les contestations entre les entrepreneurs et l'administration;
2° Les contestations avec les tiers au sujet des dommages;
3° Les contestations avec les tiers au sujet des plus-values.

« Le conseil de préfecture, dit la loi du 28 pluviôse an VIII, art. 4, prononcera sur les difficultés qui pourraient s'élever entre les entrepreneurs de travaux publics et l'administration, concernant le sens et l'exécution des clauses de leur marché ».

Le seul fait d'attribuer aux conseils de préfecture la connaissance des difficultés qui peuvent s'élever entre les entrepreneurs et l'administration est une dérogation aux principes du droit commun. La jurisprudence est allée plus loin encore, car elle nous apprend que, par entrepreneur, il faut entendre non seulement les entrepreneurs proprement dits, mais encore les entrepreneurs partiels qui ont traité avec le régisseur en cas de mise en régie des travaux ; que même les ouvriers travaillant à la journée pour le compte de l'administration, les architectes commissionnés par elle, et les particuliers ayant souscrit des subventions, sont justiciables du conseil de préfecture.

La jurisprudence, guidée par l'esprit de la loi, a étendu la compétence du conseil à toutes les contestations qui peuvent naître du contrat passé entre l'administration et les entrepreneurs. Bien plus, le conseil peut prononcer la résiliation des marchés, fixer les dommages-intérêts pour le retard apporté dans l'exécution des travaux ou pour cause de leur inexécution : il apprécie les cas de force majeure invoqués par les entrepreneurs; statue sur la mise en régie et ses conséquences, sur les contestations relatives au payement et au mode de payement, règle le prix des ouvrages supplémentaires effectués en dehors des prévisions du devis. (C. d'Et., 27 janvier 1848 — 27 février 1862 — 25 mars 1865). L'architecte lui-même est justiciable du conseil de préfecture pour sa responsabilité décennale, telle qu'elle résulte des articles 1792 et 2270 du Code Napoléon. (C. d'Et., 27 juillet 1853.)

Contestations avec les tiers au sujet des dommages

Aux termes de l'article 4 de la loi du 28 pluviôse an VIII, 3°. « le conseil de préfecture prononcera sur les réclamations des particuliers qui se plaindront des torts et dommages procédant du fait personnel des entrepreneurs et non du fait de l'administration. »

Le conseil est également compétent, qu'il s'agisse de torts faits aux personnes ou de préjudices causés à la propriété, que le dommage occasionné à la propriété soit temporaire, ou permanent, qu'il provienne du fait personnel des entrepreneurs ou du fait de leurs ouvriers, chefs d'ateliers ou autres agents, conformément au principe de responsabilité établi par l'art. 1384 du Code Napoléon. Pour les dommages temporaires, consistant dans l'occupation temporaire des terrains pour l'établissement de passages provisoires, de dépôts d'ateliers, etc., la compétence des conseils de préfecture a toujours été généralement admise, sauf l'attribution que la loi du 3 mai 1841, art. 76, fait à un jury spécial, pour l'occupation temporaire des terrains nécessaires aux travaux des fortifications, pour les dommages causés par les mesures prises pour la défense des places de guerre et des ports militaires.

Mais pour ce qui concerne les dommages permanents consistant dans l'altération irrévocable de la propriété, la question a été longtemps douteuse, et ce n'est que depuis les décisions des 29 mars et 3 août 1850 du tribunal des conflits, et l'arrêté du 29 mars 1842 de la cour de cassation, que la divergence a cessé et que la compétence administrative a été solennellement reconnue.

Il y a lieu à une indemnité lorsque le dommage est matériel et direct, c'est-à-dire susceptible d'évaluation pécuniaire et causé, directement par les travaux publics et non accidentellement par suite de l'exécution de ces travaux, tels que l'abaissement ou l'exhaussement des voies publiques, les dommages résultant des études autorisées, etc.

C'est encore le conseil de préfecture qui doit connaître des réclamations en indemnité, formées contre l'administration ou ses entrepreneurs et ayants-cause, pour les fouilles ou extractions de matériaux; que ces extractions soient faites pour le service des ponts et chaussées, pour les chemins de fer, les chemins vicinaux et dans les forêts.

La question préjudicielle de savoir si les fouilles sont autorisées, lorsque le devis ou l'arrêté du préfet présentent des doutes; la demande par le propriétaire en constatation de l'état des terrains, avant leur occupation, sont également soumises au conseil; mais si les fouilles avaient été pratiquées en dehors de l'administration et du privilége qui lui est conféré, la question de dommages-intérêts, les difficultés nées du traité, devraient être résolues par les tribunaux judiciaires. (Cour de Paris, 23 avril 1849; Dalloz, 1849, v. 385.)

Le conseil, appelé à régler l'indemnité due au propriétaire du fonds sur lequel ont été opérées les fouilles ou extractions de matériaux, doit établir ses calculs sur des bases différentes, suivant qu'il s'agit de matériaux extraits d'une carrière en exploitation, ou tirés d'un terrain non exploité auparavant. Dans le premier cas, on estime la dépréciation ét les frais de rétablissement des lieux dans leur état primitif; dans le second, le propriétaire n'a à réclamer que le prix des matériaux.

Quant aux frais d'expertise et aux dépens d'instance, c'est au conseil de statuer.

En lisant le 3ᵉ paragraphe de l'article 4 de la loi du 28 pluviôse an VIII, on serait tenté de croire que le conseil de préfecture, dont la compétence est parfaitement établie pour les torts et dommages provenant du fait des entrepreneurs, cesse d'être compétant, quand il s'agit du fait de l'administration.... « procédant du fait des entrepreneurs *et non du fait de l'administration.* » Mais il suffit de comparer la loi actuelle avec la législation immédiatement antérieure, pour s'assurer qu'il ne saurait y avoir, dans ces expressions, qu'un oubli et une négligence de la part des rédacteurs. En effet, la loi de 1790, établissant une jurisprudence différente, suivant qu'il s'agissait de demandes en indemnité contre l'administration, ou procédant du fait des entrepreneurs, il était nécessaire de distinguer les deux cas. Aujourd'hui, au contraire, la juridiction est la même, et, pour cette raison, nous croyons que le conseil de préfecture, — à moins de commettre une inconséquence inadmissible, — doit être compétent pour les demandes en indemnité, procédant du fait des entrepreneurs ou de l'administration, et les mots « *non du fait de l'administration*, » copiés dans l'article 5 de la loi de 1790, doivent être remplacés par ceux-ci : « encore bien que ce ne soit pas du fait de l'administration. »

Cas d'expropriation pour cause d'utilité publique

Le législateur de l'an VIII, en se servant des expressions « *terrains pris ou fouillés*, » attribuait aux conseils de préfecture la connaissance des demanndes en indemnités, pour fouilles et extractions pour expropriation. Mais ce système, conservé par la loi du 16 septembre 1807, a été abrogé par la loi du 8 mars 1810, qui limite la compétence du conseil en dehors des cas d'expropriation.

Cependant s'il s'agit de simples dommages, postérieurs à l'expropriation, ou de dommages accessoires à l'expropriation et non compris dans l'indemnité d'expropriation, le conseil a pleine juridiction. (C. d'Ét., 22 février 1866 — 21 mars 1861.)

Le conseil statue également sur les demandes en indemnité pour remplacement de voies publiques déplacées (C. d'Ét., 1er mai 1858 — 14 août 1865), pour terrains incorporés à un cours d'eau, par l'effet des travaux publics, bien qu'il y ait dépossession, et que, sous l'empire des lois qui nous régissent, la juridiction judiciaire soit seule compétente en matière d'expropriation et de dépossession. (*Trib. des Conflits*, 2 juillet 1852 — C. d'Ét., 14 sept. 1852.)

Enfin, des circulaires du ministère des travaux publics, du 30 août 1854 et 4 janvier 1862, prescrivent aux conseils de préfecture d'inscrire, sur les états mensuels du conseil, toutes les affaires contentieuses des divers services du ministère des travaux publics.

Vu par nous, professeur, président de la thèse,

L. MARTIN.

Vu et permis d'imprimer :

Le Recteur de l'Académie d'Aix, officier de la Légion d'Honneur,

J. VIEILLE.

Nice. — Typ. V.-Eugène GAUTHIER et Cᵉ, descente de la caserne.

www.ingramcontent.com/pod-product-compliance
Lightning Source LLC
Chambersburg PA
CBHW071434200326
41520CB00014B/3691